Natascha Nowack-Göttinger

Billy Magic

ÜBER DIE AUTORIN

Dr. Natascha Nowack-Göttinger, 1969 in der Nähe von Würzburg geboren, studierte Grundschullehramt mit dem Hauptfach Germanistik und weil sie so gerne malt und zeichnet, promovierte sie im Fach Kunstpädagogik.

Heute arbeitet sie als Grundschullehrerin in Bayern und liebt es, den Kindern ihrer Klasse Geschichten zu erzählen. Und weil die Kinder diese Geschichten unbedingt mit nach Hause nehmen wollten, gibt es Billy Magic als Buch. Mit ihren Studenten malt und zeichnet sie gerne und unternimmt mit ihnen Exkursionen in Museen.

Wenn du sie nach ihren Hobbys fragst, dann sagt sie alles, was mit Kunst, Musik und Büchern zu tun hat. Und natürlich verbringt sie gerne Zeit mit ihrer Familie. Sie ist verheiratet mit einem sehr netten Deutsch- und Musiklehrer, hat einen Sohn, für den Billy Magic erfunden wurde und der diesen liebt und ein wahrer Billy-Kenner ist. Wenn du wissen willst, wie er heißt, dann schaue doch einmal im Buch nach, wem dieses gewidmet ist. Und jetzt kommt der Knaller. Sie hat den goldigsten Hund auf der ganzen Welt. Er heißt Snoopy.

Natascha
Nowack-Göttinger

Natascha Nowack-Göttinger

Billy Magic

Mit Bildern von Wilhelm Nowack
und Natascha Nowack-Göttinger

IMPRESSUM

Die Deutsche Nationalbibliothek verzeichnet diese
Publikation in der Deutschen Nationalbibliografie;
detaillierte bibliografische Daten sind im Internet über
www.dnb.de abrufbar.

Satz, Herstellung und Verlag:
BoD - Books on Demand, Norderstedt
Umschlaggestaltung:
© Dr. Natascha Nowack-Göttinger

ISBN: 978-3-7562-5970-0

Für Paul

WER IST WICHTIG?

Billy Magic

BILLY MAGIC,
der von Beruf KLEMUZ ist, also ein kleiner mutiger Zwerg, der aber auf seine Visitenkarte mal lieber den Beruf MÖGLICHMACHER geschrieben hat.

CECILIE,
die Oma von Billy. Von Beruf ist sie NILEFUETRELHEF (in Rente) und sie liebt es, Motorrad zu fahren.

Cecilie

Billys Opa

BILLYS OPA,
der ein ganz besonders mutiger Zwerg war, er hat den MUKLEZ-Orden am Band verliehen bekommen.

SUSI MEIER,
die dringend Hilfe
braucht.

GERDA MEIER,
die Mutti von Susi.

BEPPO,
der kleine süße Bruder
von Susi, der gerne
mit seinem Quietsche-
entchen Quieselchen
spielt.

DIETER MEIER,
Susis Papa, mit seinem
goldigen Hund Wuffi.

ANKE,
die gemeine Klassenka-
meradin von Susi.

FRAU SCHLAUMILCH,
Susis fiese Lehrerin.

INHALT

1. KAPITEL

Billy Magic – oder wer?

„Hallöchen! Wenn ich mich vorstellen dürfte? Mein Name ist Billy. Billy Magic."

Oder zumindest steht dieser Name auf meiner Visitenkarte.

Heutzutage braucht man eine Visitenkarte und einen Namen, der nach etwas klingt.

Ich liebe diesen Namen.

Billy Magic klingt so zauberhaft, so als wäre ich mindestens 1,90 Meter groß und würde als Starzauberer in den wunderbaren Las-Vegas-Shows auftreten. Und ich liebe meine Berufsbezeichnung: Möglichmacher. Das klingt so verdammt cool.

Aber leider ist das alles nicht wahr. Ich bin nicht 1,90 Meter groß.

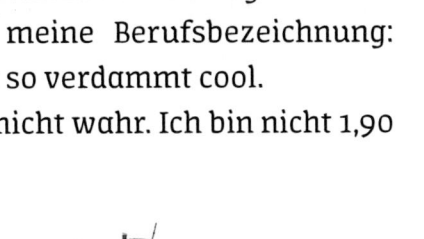

Ich bin kleiner, viel kleiner.

Und ich heiße auch nicht Billy Magic. Eigentlich heiße ich nicht einmal Billy.

Aber mit meinem echten Namen kann man heutzutage wirklich nichts anfangen.

Damit macht man nicht die große Karriere. Bei dem Namen fragt sich jeder: „Woher kommt der denn? Der kommt bestimmt nicht von hier, und aus Amerika kommt der auch nicht."

Und schon liegt meine Visitenkarte im Abfalleimer. Vielleicht kann ich noch mit dem Möglichmacher punkten.

Und da muss ich sagen, in dem Bereich bin ich gar nicht schlecht.

Billy Magic kann wirklich, wirklich, wirklich viel möglich machen.

Aber falls meine Visitenkarte dann doch irgendwo im Abfalleimer landet, ist das dann auch nicht die Oberkatastrophe.

Vielleicht ist dir ja schon aufgefallen, dass auf meiner Visitenkarte keine Telefonnummer, E-Mail-Adresse oder irgendeine andere Kontaktadresse steht. Zum Glück brauche ich gar keine Visitenkarte, denn man ruft mich anders.

Aber nun zu meinem wirklichen Namen und zu meiner eigentlichen Geschichte.

Ich fange einfach noch einmal ganz von vorne mit einem fröhlichen Hallöchen an und stelle mich vor.

Mein Name ist Klemenz.

Und von Beruf bin ich Klemuz.

So, jetzt ist es heraus. Ein Kackname und ein Beruf, den keine Sau kennt.

Ganz genau. Klemuz, mein Nachname, ist nicht nur so ein Nachname, sondern Klemuz ist mein Beruf. Das ist bei uns zu Hause so üblich, dass wir zu unserem Vornamen, der bei mir ja – wie bereits erwähnt – eigentlich Klemenz ist, als Nachname den Beruf stellen. Mir ist aber schon zu Ohren gekommen, dass das bei den Menschen anders ist.

Die heißen Hubert Schmitt und nicht etwa Hubert Hubschrauberpilot oder Susi Meier und nicht Susi Sultaninenverkäuferin.

Obwohl ich schon ganz gerne von Susi wüsste, ob sie Sultaninenverkäuferin oder Gummibärchenohrenlangzieherin ist oder einen ganz anderen Beruf ausübt.

Ich interessiere mich nämlich sehr für Menschen.

Ich finde spannend, was sie so treiben, was sie bewegt, worüber sie lachen oder auch, worüber sie vielleicht einmal weinen müssen.

Aber das lässt mich dann doch zu weit von meinem Thema abschweifen, denn ich will ja nicht Susi Meier vorstellen, sondern mich, Klemenz Klemuz.

Was? Du weißt nicht, was ein Klemuz ist?

Nun ja, das macht nichts.

Du hattest ja vielleicht noch nie mit einem Klemuz zu tun. Oder doch?

Gehörst du etwa zu den Menschen, die den Klemuz-Notruf kennen? Du musst lauter denken, ich verstehe dich nicht, wenn du so leise überlegst.

Da staunst du! Das hättest du nicht gedacht, dass ich Gedanken lesen kann.

Aber für uns Klemuze ist das nichts Besonderes.

Das Gedankenlesen war schon in der ersten Klasse mein Lieblingsfach.

Ach übrigens, eine Kleinigkeit wäre noch zu erwähnen. Ich bin unsichtbar.

Ja, du denkst, was soll das denn wieder heißen? Ich sehe doch diesen Billy Magic oder Klemenz Klemuz oder wie auch immer er sich nennen mag, auf so vielen Seiten in diesem Buch.

Im Buch siehst du mich freilich.

In diesem Buch können mich sogar Erwachsene sehen, aber ich meine natürlich, dass ich unsichtbar bin, wenn ich nicht in diesem Buch bin.

Was das heißen soll?

Ist das nicht wirklich ein bisschen magic?

Gott sei Dank, jetzt denkst du ja schon lauter.

Ich will es dir erklären. Ich kann aus diesem Buch herausschlüpfen. Natürlich mache ich das nur in Notfällen, sozusagen immer dann, wenn ich einen Klemuz-Notruf höre.

Ach ja, du weißt ja immer noch nicht, was ein Klemuz ist.

Ein Klemuz ist so etwas wie ich, ein kleiner mutiger Zwerg.

Natürlich kommt man nicht als Klemuz zur Welt, sondern nur als ein Klez. Das bedeutet, von Natur aus bin ich nur ein kleiner Zwerg und das ist auch gut so.

Wie könnte ich sonst in einem so kleinen Buch leben, wenn ich so riesig wäre wie du?

Und wenn man erst einmal als Klez geboren wurde, in meinem Fall als Klemenz Klez, dann ist es bei uns Klezen ganz ähnlich wie bei den Menschen.

Zuerst geht ein Klez in den Kindergarten und spielt

dort mit vielen anderen Klezen, so ungefähr 30 Jahre lang. Und dann geht es ab in die Klezenschule, bis zu einem Alter von ungefähr 180 Jahren, wenn du nicht ein Leben lang ein Kleduz, ein kleiner dummer Zwerg, bleiben willst.

Tja, und dann musst du dich für einen Beruf entscheiden. Ich wollte seit meinem ersten Jahr auf der Klezenschule ein Klemuz, also ein kleiner mutiger Zwerg, werden.

Aber ich sage dir, die Ausbildung ist hart und nur die wenigsten Kleze bestehen die schwierige Abschlussprüfung und bekommen ihr recht unauffälliges Geheimabzeichen, eine blütenförmige Anstecknadel mit schlichtem weißem Kreis und schwarzen Bändchen.

Aber ich dachte mir: Mein Vater ist ein Klemuz, meine Mutter ist eine Klemuzin – so schnell, wie ich deine Gedanken durch die Gehirnwindungen flitzen höre, kannst du dir sicherlich schon denken, dass Klemuzin „kleine mutige Zwergin" bedeutet. Mein Großvater ist ein Klemuz und meine Großmutter ist – hm. Hätte ich nur nicht meine Großmutter erwähnt, sie ist nämlich keine Klemuzin. Sie ist eine, eine wie soll

ich es dir nur sagen, eine hm. Ich kann es dir nur so sagen, wie sie es selbst von sich gesagt hätte. Wenn du nicht verstehst, was ich meine, dann lies meine Geschichte weiter und du verstehst alles. Also meine Großmutter ist, oder besser gesagt war, eine NI-LEFUETRELHEF.

Ich rede jetzt so von ihr, weil sie nicht nur von sich, sondern auch von vielen anderen Dingen so geredet hat.

So hat sie beispielsweise nicht gesagt: „Da schau, Klemenz, da sind heute noch mehr Kinder auf dem Klemuzenfest!"

Sondern sie pflegte zu sagen: „Schau, Klemenz, da sind heute noch mehr REDNIK auf der Party."

Tja, mit Buchstaben zu jonglieren, ist für Oma immer ein Vergnügen gewesen.

Und wie konnte sie sich mit ihrer hohen lustigen Stimme freuen, wenn irgendjemand Wegstaben verbuchselte – wie sie zu sagen pflegte.

Ach, was für einen Spaß hatte ich immer mit Oma!

Aber seit ich ein Klemuz bin, darf ich eigentlich nicht mehr von Oma reden, oder besser gesagt, ich darf mich nicht mehr an sie als meine Oma erinnern.

Denn Klemuze bekämpfen sie, diese gefürchteten, abscheulichen Geschöpfe – die Fehlerteufel – und Klemuze haben nicht eine Fehlerteufelin als Oma.

Hätte nur einer der Professoren auf der Universität herausgefunden, was meine Oma von Beruf war, ich wäre niemals zum Examen zugelassen worden. Und mein Studium von 80 Semestern wäre für die Klezkatze gewesen.

Aber was meine Oma von Beruf war, interessierte auf der Klemuzuniversität niemanden. Dort wollten alle immer nur wissen, was mein Vater und mein Großvater von Beruf waren.

Und als ich sagte, dass sie beide Klemuze sind und mein Großvater sogar den MUKLEZ-Orden am goldenen Band verliehen bekommen hat, waren mir an der Universität alle Türen offen.

Jetzt bin ich also seit 30 Klezwochen fertig mit dem Studium der Klemuzologie und warte in meinem Büro auf meinen ersten Einsatz.

Du kannst dir sicherlich vorstellen, dass ich aufgeregt bin wie Struwwelpeter vor einem Besuch beim Friseur.

Die letzten 30 Wochen waren wirklich spannend.

Ich bin fast jedes Mal von meinem Klemuz-Notruf-Empfangssessel gefallen, wenn meine Notruf-Empfangspfeife zu pfeifen anfing.

Sofort muss dann nach §2 der Klemuz-Notruf-Ordnung das Notruf-Empfangs-Walkie-Talkie eingeschaltet werden. Und dann heißt es, mit Fingerspitzengefühl die Gedankenfrequenz genauestens einstellen, weil nur dann Gedanken aus zehn Kilometern Umkreis empfangen werden können. Sind die Gedanken geortet, muss man dann mit dem Klemuz-Suchfernglas den Menschen finden, der das Notrufsignal ausgesendet hat.

Eigentlich schaut das Suchfernglas aus wie jedes normale Fernglas, aber es kann Menschen, die einen Klemuz-Notruf ausgesendet haben, in einem Umkreis von zehn Kilometern ausfindig machen.

Ich spüre förmlich deine geistige Gewandtheit, mit Zahlen umzugehen und sie dir zu merken.

Blitzschnell hast du festgestellt, dass das Klemuz-Walkie-Talkie und das Klemuz-Suchfernglas beide bis zu einem Umkreis von zehn Kilometern einsatzfähig sind.

Hat das Klemuz-Suchfernglas den Notrufaussender gefunden, blinkt es rot auf und spielt eine kleine traurige Melodie.

Ich muss fast immer weinen, wenn ich diese Melodie höre, was ja auch nicht verwunderlich ist.

Nicht nur diese süße kleine Melodie ist so traurig,

sondern auch der Mensch, der gerade seinen Klemuz-Notruf aussendet. Was ich mir nie vorstellen konnte, sondern erst auf der Klemuz-Universität gelernt habe:

Die Leute, die uns per Notrufsignal anrufen, kennen weder die Frequenz, auf der wir mit unserem Notruf-Walkie-Talkie empfangen können, noch unsere Rufnummer.

Wollt ihr Menschen einen Krankenwagen rufen, weil jemand dringend Hilfe braucht, dann müsst ihr zum Telefon gehen und die richtige Notrufnummer wählen. Ihr braucht wieder eine andere Rufnummer, wenn ihr mit der Polizei oder der Feuerwehr verbunden werden wollt.

Ja, mit uns Klemuzen ist das einfacher.

Was, du weißt immer noch nicht, wie man einen Klemuz rufen kann?

Aber dafür weißt du jetzt, was ein Klemuz ist.

Wie man einen Klemuz ruft, oder besser, wie und warum mich Susi Meier gerufen hat, du erinnerst dich, es ist die Susi, von der wir nicht wissen, ob sie Sultaninenverkäuferin oder Gummibärchenohrenlangzieherin ist, erfährst du im nächsten Kapitel.

2. KAPITEL

Susi Meier ruft Billy Magic

Frau Schlaumilch

„Das muss besser mit dir werden!", schimpfte Frau Schlaumilch, als sie Susi Meier das Diktatheft auf den Tisch legte. *Das bedeutet nichts Gutes*, dachte Susi und schlug langsam ihr Heft auf.

Seite für Seite blätterte sie durch, vorbei an all den vielen Fehlern und den schlechten Noten.

Noch genau hatte sie den Klang des Satzes von Frau Schlaumilch im Ohr, den sie das letzte Mal gesagt hatte, als sie die Nachschrift herausgegeben hatte.

Wenn sie diesen Satz nur nicht so laut gesagt hätte. Es wäre schon schlimm genug gewesen, wenn nur ich ihn gehört hätte, dachte Susi.

Aber das Schlimmste von allem war, genau vor ihr bekam Anke ihr Heft. Ausgerechnet.

Wie jedes Mal, wenn es eine Probearbeit zurückgab, lächelte Frau Schlaumilch Anke freundlich an und

meinte: „Du bist mein Sonnenschein, Anke. Du hast die beste Arbeit von allen geschrieben, nicht einen einzigen Fehler hast du gemacht!"

Und dann kam dieser Satz. Mit unfreundlichem Ausdruck im Gesicht las Frau Schlaumilch den Namen auf dem Einband des nächsten Heftes, nahm das Heft mit spitzen Fingern und hielt es erst einmal hoch.

An ihrem langen ausgestreckten Arm konnten alle ihr Heft sehen. Und es war wirklich kein Ausstellungsstück.

Susi schämte sich und merkte, wie es ihr auf einmal ganz heiß wurde und wie sie zu schwitzen anfing.

Dann sagte Frau Schlaumilch: „Schaut, Kinder, wenn man so etwas anfassen muss, das ekelt einen doch richtig. Oder?" Das war wieder so ein Oder-Satz. Immer wenn Frau Schlaumilch solche Oder-Sätze im Klassenzimmer versprühte, stimmten ihr spontan mindestens acht Kinder lauthals zu.

Am lautesten von allen rief Anke: „Das Heft ist ja eklig!"

Dabei konnte ja niemand wissen, dass Beppo, der kleine Bruder, auf den Susi fast jeden Nachmittag alleine aufpassen musste, ausprobieren wollte, ob das Heft auf Wasser schwimmt.

Susi konnte ihm das Heft gerade noch abnehmen und das Schlimmste verhindern, aber nass geworden ist es halt doch.

Gleich zerlief die schwarze Filzstiftschrift von Frau Schlaumilch, mit der sie feinsäuberlich am Anfang des Schuljahres den Namen, die Klasse und das Fach auf das Heft geschrieben hatte, und das Papier fing an, sich zu wellen.

Susi holte sofort einen Föhn, aber so richtig glatt wurde es nicht mehr.

Beppo standen die Tränen in den Augen, als er sah, was er angerichtet hatte. Aber Susi nahm ihren dreijährigen Bruder in den Arm und tröstete ihn:

„So schlimm ist das nicht, Beppo. Bloß schade, dass du nicht gleich ein paar Fehler aus dem Nachschriftenheft gewaschen hast."

Beppo wusste nicht, was Nachschriften waren, und er konnte auch nicht verstehen, dass man keine Fehler aus dem Heft herauswaschen konnte. Denn Mutti konnte alles auswaschen: Erdbeersoße aus T-Shirts, Schokoladenpudding aus Bermudashorts. Bestimmt konnte sie auch Fehler aus Diktatheften auswaschen.

Beppo vergaß ganz schnell die Nachschriften und seine Tränen, als Susi das gelbe Quietscheentchen Quiesel holte und sagte: „Mit dem kannst du jetzt spielen, Beppo."

Aber er wollte nicht alleine spielen. „Spiel bitte mit mir und Quieselchen", bettelte Beppo.

Und wenn er mit seinen großen Kulleraugen so bittend schaute, konnte Susi auf einmal nicht mehr Nein sagen.

Dabei hatte sie sich für den heutigen Nachmittag vorgenommen, nichts anderes zu tun, als die neue Nachschrift zu üben, die sie morgen schreiben sollten. Diesmal waren es noch mehr Wörter als sonst, und auch der Inhalt gefiel Susi gar nicht.

Der Text hieß „Die Axt". Ein Junge spaltete jeden Mittag mit der Axt Holz. Eines Tages passte er nicht auf und verletzte sich an der Hand.

Jedes Mal, wenn sich der Junge gerade schnitt, dachte Susi nur noch: *Autsch, muss das weh tun!* und konnte danach überhaupt nicht mehr auf die Worte von Frau Schlaumilchs Diktat hören. Und so etwas ist bei Nachschriften tödlich, das wusste Susi leider zu genau.

Das letzte Mal hatte sie nur einen einzigen Satz ausgelassen, der hatte gerade einmal neun Wörter gehabt. Sonst hatte sie keinen einzigen Fehler gemacht.

Aber eine Sechs war es halt doch wieder, denn Frau Schlaumilch hatte neun riesengroße Auslassungszeichen gemacht und schrieb mit ihrer Schrift, die aussah wie gedruckt, eine Sechs, die so groß war wie eine Untertasse, unter die Nachschrift.

Und daneben stand wie jedes Mal: „Unterschrift!"

Am Abend, als Mutti dann von der Arbeit kam und noch schnell etwas aus dem Tiefkühlfach aus der Packung in den Topf schubste, fragte sie beim Rühren:

„Und, Susi, wie war dein Tag? Hat Beppo auch schön auf dich gehört?"

Und Susi erzählte kurz, dass Beppo ein lieber Bruder sei, und Mutti meinte, wie fast jeden Abend: „Ach, wenn ich dich nicht hätte, meine Große!" Und jedes Mal schloss sie diesen Satz mit einem Seufzer ab.

„Und wie war es in der Schule?"

Wie so oft, wenn eine Probearbeit zurückgegeben wurde, musste Susi ihren ganzen Mut zusammennehmen, um ihrer Mutti die Note zu sagen.

Die hatte nämlich Sorgen genug. Meistens ging es um das Geld und dass sie die Miete bezahlen konnten.

Susi wollte ihrer Mutti nicht noch mehr Sorgen machen. Aber es half ja alles nichts, lügen wollte sie auf gar keinen Fall. Außerdem wusste sie genau, dass sie ihrer Mutti alles erzählen konnte.

Und so sagte Susi ihren Satz, den sie am Mittag schon ein paar Mal geübt hatte, um ihn möglichst schnell sagen zu können, in Bestzeit.

„Ich habe eine Sechs in der Nachschrift."

Frau Meier hatte zwar aufgrund der höllischen Sprechgeschwindigkeit von Susi kaum mehr verstanden als „Sechs", aber sie konnte sich schon denken, was geschehen war, und sie wollte ihrer Tochter die Peinlichkeit ersparen, den Satz noch einmal zu wiederholen.

Als sie noch zur Schule ging, hatte sie es mit der Beichte von schlechten Noten genauso gemacht.

Susis Mutti fragte nur, ob sie unterschreiben solle und lächelte sie dabei verständnisvoll an.

Susi verstand nicht, wieso Mutti lächelte, als sie die Sechs unterschrieb.

Und wie immer hatte Mutti sogar ein paar aufmunternde Worte.

„Schau, Susi, diesmal hast du keinen einzigen Fehler gemacht. Du hast nur einen einzigen Satz ausgelassen.

Wenn ich deine Lehrerin wäre, hättest du von mir eine gute Note bekommen."

Das war wieder einer dieser Augenblicke, in denen Susi dachte: *Ich habe die liebste Mutti auf der ganzen Welt.*

Was Vati wohl gesagt hätte?

Sicherlich hätte er geschrien und getobt.

Genau wusste das Susi nicht, denn damals, als Vati wegging, gab es noch keine Noten, da war sie ja noch im

Kindergarten gewesen. Aber auch da hatte Vati oft mit ihr geschimpft.

Besonders schlimm wurde es, als Vati den ganzen Tag daheim war und so viel Bier getrunken hat, weil er keine Arbeit mehr hatte.

Als Mutti fragte, ob Susi Lust habe, heute mit dem pinkfarbigen Geschirr den Tisch zu decken, schreckte Susi aus ihrem Tagtraum auf.

Fast hätte sie das Glas, das sie gerade in der Hand hielt, fallen lassen. Sie war aber gleich von Muttis Idee begeistert, denn das pinkfarbige war ihr Lieblingsgeschirr und eigentlich aßen sie nur am Sonntag davon.

Mutti wollte Susi sicherlich mit dieser Idee auf andere Gedanken bringen.

„Wenn ich erst wieder mehr Zeit habe, Susi, dann üben wir so viel, dass sich bestimmt nicht mehr so viele Fehler in deine Nachschriften einschleichen."

Und dann gab es Lasagne und die schmeckte – obwohl nicht so lecker, als wenn Mutti sie selbst machte – doch gut.

„Wenn du weiter so träumst, wird das nie etwas mit dir", zischte Susi eine Stimme an. Diese Stimme kannte Susi nur zu gut, manchmal träumte sie sogar von ihr.

Es war die schrille Stimme von Frau Schlaumilch.

Susi zuckte zusammen und auf einmal merkte sie, dass sie schon lange die Seite aufgeschlagen hatte, auf der ihre Nachschriftennote stand.

Aber erst jetzt sah sie, was da stand. Erst kam diese überdimensionale große Sechs und dahinter stand: „Unterschrift des Vaters!"

Susi traute ihren Augen nicht.

Und so las sie nochmals ganz langsam, was neben der Sechs stand:

„Unterschrift des Vaters!" Das konnte nicht wahr sein.

Das ging doch gar nicht!

Susi traute sich nicht zu sagen, dass sie keinen Vater mehr hatte. Der war schon vor drei Jahren von zu Hause ausgezogen.

Susi brach in Tränen aus, es waren ganz leise Tränen.

Aber der Unterricht ging weiter, bis Anke rief: „Jetzt heult die Meier auch noch!" Und dabei schaute sie Susi voller Schadenfreude an.

Frau Schlaumilch sah nur abfällig auf das verweinte Gesicht und meinte: „Wenn du nicht gleich mit der Heulerei aufhörst, werde ich auf deine Hefte in Zukunft Heulsusi Meier schreiben!"

Susi blieben die Tränen im Hals stecken und sie bekam nur schwer Luft. Endlich kam das erlösende Klingelzeichen.

Susi packte ihre Sachen zusammen und ging schweren Schrittes nach Hause.

„Unterschrift des Vaters" – diese Worte wollten ihr nicht aus dem Kopf gehen.

Sonst hieß es immer nur „Unterschrift!", aber diesmal hieß es: „Unterschrift des Vaters!"

Als sie zu Hause angekommen war, ging sie ins Kinderzimmer, nahm ihren Kuschelhasen in ihre Arme und fing zu weinen an.

Dicke Tränen kullerten ihr die Wangen hinunter.

Und da fing auf einmal Billys Notrufempfangspfeife das Pfeifen an. Er wäre beinahe von seinem Notrufempfangssessel gefallen, aber er wusste, was zu tun war.

Nur keine Panik und nach §2 der Notrufordnung handeln und das Empfangs-Walkie-Talkie einschalten.

Noch war nichts zu hören. Mit sehr viel Fingerspitzengefühl ging Billy daran, die richtige Frequenz herauszufinden und einzustellen.

Auf einmal war eine freundliche Mädchenstimme zu hören. „Schon wieder eine Sechs in der Nachschrift und diesmal Unterschrift des Vaters."

Das muss die Notrufaussenderin sein, dachte Billy und holte sofort das Suchfernglas.

Er begann, sich langsam mit dem Fernglas zu drehen. Dazu musste er nicht einmal ans Fenster, sondern er schaltete den Suchfernglasaktivierungsschalter seines Notrufpultes auf „an" und – schwupp – färbte sich das ganze Büro königsblau.

Jetzt konnte er sich mit dem Suchfernglas mitten ins Büro stellen und damit beginnen, den Notrufaussender oder besser die Notrufaussenderin zu finden.

Es dauerte nicht lange, und das Fernglas fing an zu blinken, und die traurige Melodie begann zu spielen. Kaum hatte Billy die ersten Takte gehört, kullerten auch bei ihm die Tränen. Das Bild im Suchfernglas wurde immer schärfer und Billy sah ein unglückliches Mädchen mit einem Kuschelhasen im Arm.

Sofort wischte er sich die Tränen ab, sprang in die Luft und rief: „Mein erster Einsatz!"

Er rannte zu seinem Klemuz-Mobil, gab alle Daten sorgfältig ein und brauste los.

3. KAPITEL

Wie Billy Magic Susi Meier hilft

Susi Meier

Susi hörte nur ein leises Zischen und dann ein Geräusch, als ob ein Auto bremsen würde. Aber ein sehr, sehr kleines Auto.

Was sie nicht wissen konnte: Soeben hatte Billy sein Magic-Mobil neben ihrem Sofa zum Stehen gebracht.

So, da bin ich, dachte Billy.

Die Fahrt hat nur drei Minuten gedauert.

Die Ausbilder der Fahrschule wären stolz auf mich.

Billy checkte die Lage ab.

Susi war also allein zu Hause und, was sogar für einen Menschen zu erkennen gewesen wäre, sehr, sehr traurig.

Immer wieder musste Susi laut schluchzen, sie wurde richtig von einem Weinkrampf geschüttelt.

Aber Billy wusste, was zu tun war.

Zuerst rannte er, so schnell dies seine kleinen Beinchen zuließen, zu seinem etwas nostalgischen Magic-Mobil.

Sein Fahrzeug war nicht das brandaktuellste, das wusste Billy, denn es war ein Familienerbstück – wie auch der Rest seiner Ausrüstung.

Sein Großvater hatte es vor vielen, vielen Jahren sehr teuer gekauft und später seinem Sohn vererbt und der wiederum hatte es seinem Sohn, nämlich Billy, vererbt.

Das war drei Wochen her.

Damals meinte Billys Vater nur:

„Alt, aber bezahlt. Und was noch viel wichtiger ist, dieses Gefährt hat uns noch nie im Stich gelassen.

Die neumodischen Galaktospacer haben einfach zu viel unnötige Technik, die am laufenden Band ausfällt, sobald nur eine kleine kosmische Störung in der Luft liegt.

Also, wenn du auf mich hörst, fährst du erst einmal dieses Geschoss, denn es kommt wahrlich nicht darauf an, immer das Neueste zu haben.

Man muss wissen, wie man mit seinen Dingen umzugehen hat.

Wenn du dann selbst einmal Geld verdienst, kannst du dich ja immer noch umentscheiden.

Und sollte bei deinem Oldtimer doch mal ein Ölwechsel nötig sein oder ein Birnchen gewechselt werden müssen, dann ist das für uns Schrauber gar kein Thema."

Billy war stolz auf seine Erbstücke und hatte sich auch fest vorgenommen, jedes einzelne Teil zu benutzen und behutsam mit diesen Dingen umzugehen.

So drückte er nun ganz vorsichtig auf einen kleinen sternförmigen Knopf, auf dem „Notsprays" zu lesen war.

Sofort öffnete sich ein Schränkchen, in dem nicht weniger als fünfzig kleine Sprayfläschchen standen.

Billy wusste genau, welche Sprayflasche er brauchte. Diese Flasche stand in der zweiten Regalreihe rechts und hatte die Aufschrift „Anti-Weinkrampf".

Alle Fläschchen hatten die Aufschrift „Anti", denn Anti heißt „gegen", und alle Fläschchen waren gegen etwas.

Gegen Weinkrämpfe und gegen Schreikrämpfe und, und, und.

Billy schüttelte die Sprayflasche kräftig und drückte dreimal auf den Zerstäuber.

Ein süßlicher Duft lag auf einmal in der Luft.

Billy war gespannt, ob er das Anti-Weinkrampfspray richtig dosiert hatte.

Gleich würde er Gewissheit haben.

Susi fing schon an, ihre kleine Stupsnase zu kräuseln, und da war er auch schon, der erste Nieser.

Billy zählte aufgeregt mit: „Eins", dann kamen gleich noch zwei „Hatschi, Hatschi" hinterher.

Billy hüpfte vor Freude.

Drei Sprühstöße und drei Nieser bedeuteten, dass er gar nicht besser hätte dosieren können.

Billy beobachtete neugierig, was passieren würde.

Ob das Anti-Weinkrampfspray auch hielt, was sein Name versprach, nämlich etwas gegen das Weinen zu tun?

Denn solange Susi derart schluchzte, hatte Billy keine Chance in Susis Gedankenwelt einzudringen. Wenn du schon einmal versucht haben solltest, Gedanken zu lesen, dann weißt du, wie anstrengend das ist.

Aber wenn du versuchst, in die Gedankenwelt eines weinenden Menschen einzudringen, dann kannst du dir vorstellen, dass man da keinerlei Information darüber erhält, was derjenige gerade denkt.

Ganz im Gegenteil!

Es kann einem richtig schwindlig dabei werden, weil die Gedanken des Weinenden immer um ein und denselben Gedanken kreisen, nämlich um den Gedanken, der ihn so traurig macht.

Aber diesen Gedanken denkt dieser traurige Mensch nicht fertig, sondern er denkt nur in Bruchstücken daran.

Also deshalb das Anti-Weinkrampfspray.

Aber jetzt muss ich aufhören, dir Nachhilfestunden im Gedankenlesen zu erteilen, denn ich will ja meine Geschichte weitererzählen.

Du hast dir vielleicht schon gedacht, dass Susi bald mit dem Weinen aufgehört hat.

Richtig.

Langsam versiegten ihre Tränen.

So, die letzte Träne tropfte von Susis rosiger Wange. „Geschafft!", rief Billy.

Oh, das war ein bisschen laut, dachte Billy. Hoffentlich hat Susi mich nicht gehört, denn ich arbeite schließlich in geheimer Mission.

Das bedeutete: Niemand darf mich sehen und niemand darf mich hören.

Aber Susi hatte ihn leider gehört. „Hallo! Ist da jemand? Mutti, bist du es?"

Susi hatte Billy zwar gehört, aber sie wusste natürlich nicht, dass er in ihrem Zimmer war.

Allerdings hatte sie sich schon ein bisschen gewundert, dass sie auf einmal nicht mehr weinen musste und dass es in ihrem Zimmer so gut roch.

Und plötzlich hörte Susi wieder diese hohe freundliche Stimme.

„Hallo, Susi! Hörst du mich? Ich bin es. Billy. Billy Magic."

Er hatte sich dazu entschlossen, seine Tarnung auffliegen zu lassen. Eigentlich durfte er das nicht, denn er sollte in geheimer Mission arbeiten.

Aber was soll es?, dachte Billy.

Dann bekomme ich halt keinen Orden zu meinem 250. Dienstjubiläum.

Aber wie soll ich denn einen so verzwickten Fall lösen, ohne dabei zu sprechen?

Erstaunlicherweise erschrak Susi Meier kein bisschen, als Billy sich bemerkbar machte. Sie fragte:

„Wie heißt du?"

„Billy. Billy Magic."

„Wow, das ist ein cooler Name."

„Du, das ist nur mein Künstlername. Eigentlich heiße ich Klemenz. Mein vollständiger Name ist Klemenz Klemuz."

„Okay, klingt auch irgendwie cool. Von wo kommst du denn, wenn du mit Nachnamen Klemuz heißt?"

„Das ist es ja. Mein Nachname ist mein Beruf und den kennt keiner. Oder weißt du, was ein Klemuz ist?"

„Nein, keine Ahnung!", antwortete Susi.

„Klemuz ist die Abkürzung für kleiner mutiger Zwerg und das ist ein richtiges Studium mit Examen."

„Ich bin beeindruckt."

„Aber ich nenne das Ganze heutzutage lieber Möglichmacher. Also, wenn mich jemand fragt, was ich von Beruf bin, dann sag ich nicht, ich bin Klemuz, das klingt so verstaubt.

Ich sage lieber, ich bin ein Möglichmacher.

Das klingt doch auch cool, oder?

Aber eigentlich ist beides das Gleiche."

„Und was macht ein Möglichmacher so möglich?"
„Das ist gar nicht so einfach zu erklären, aber ich bin ganz schön gut in meinem Beruf. Als ich auf die Welt kam, war Klemenz übrigens als Vorname gar nicht schlecht. Aber die Zeiten ändern sich."

„Ja, wann bist du denn auf die Welt gekommen?"

„Das ist schon lange her."

Zum Glück fragte Susi nicht nach, wie lange das her war.

Denn gewöhnlich sind Menschen immer überrascht, wenn man ihnen erzählt, dass man über 100 Jahre alt ist. In Billys Fall genau 220 Jahre. Bei Tieren ist das anders, die juckt das nicht die Bohne.

„Du, mir sind Namen eigentlich ziemlich egal. Wie soll ich dich denn nun nennen?", wollte Susi wissen.

„Ach, Billy fände ich klasse."

„Ich heiße übrigens Susi. Susi Meier. Und Meier ist nicht mein Beruf. Obwohl Anke manchmal ruft: Susi Meier, zähl die Eier."

Wer wohl diese Anke war?

Aber Billy wollte nicht nachfragen, zumindest jetzt noch nicht. Denn er merkte, dass Anke jemand zu sein schien, die Susi traurig machte. Susi standen sofort wieder Tränen in den Augen.

Und Billy wollte nicht schon wieder sein Anti-Weinkrampfspray gebrauchen müssen.

Billy war begeistert von Susi.

Die Chemie passt, dachte Billy, obgleich er auch ein bisschen verdutzt war, dass Susi sich gleich mit ihm unterhielt, als ob sie sich schon 120 Jahre kennen würden.

An der Universität hieß es immer, dass man sich auf keinen Fall mit einem Menschen unterhalten

dürfe, da dieser sonst mindestens in Ohnmacht fallen würde.

Aber von Ohnmacht war bei Susi gar keine Spur. Susi schaute sich im ganzen Zimmer um und sagte dann:

„Du, Billy, ich höre dich zwar, aber ich sehe dich nicht. Wo sitzt du denn? Hängst du vielleicht irgendwo fest und ich soll dich befreien?"

Jetzt war Billy klar, wieso Susi nicht in Ohnmacht gefallen war.

Billy arbeitete im 21. Jahrhundert und da gab es ja bei den Menschen das Fernsehen, und Susi war sicher eines der Kinder, die als Lieblingssendung Pumuckl hatten.

„Nein, nein, ich hänge nirgends fest. Ich bin auch kein Klabautermann", sagte Billy ganz entrüstet.

„Ich bin ja – wie gesagt – ein Klemuz!"

„Was ist denn nun eigentlich ein Klemuz?", fragte Susi interessiert. „Ich kenne nur den Pumuckl und den Meister Eder."

„Nein, ein Klemuz ist etwas ganz anderes als ein Pumuckl. Ein Klemuz ist so etwas wie ich, ein kleiner mutiger Zwerg."

„Kleiner mutiger Zwerg?", wiederholte Susi. „Wie klein bist du denn? So klein wie eine Ameise oder ein Floh?"

„Nein!", rief Billy, „Ich bin doch kein Wimuz, ein winziger mutiger Zwerg. Ich bin ein Klemuz, ein kleiner mutiger Zwerg.

Ich bin genau zehn Zentimeter groß, wenn ich meine Flitzeschuhe an- und meine Wunschkappe aufhabe."

„Zehn Zentimeter groß? Dann müsste ich dich doch sehen können."

„Aber ich bin doch unsichtbar", sagte Billy.

„Ach, schade", flüsterte Susi enttäuscht.

Und das klang so traurig, dass Billy gar nicht anders konnte, als zu fragen: „Aber ich könnte mich in deine Gedanken einschleusen. Aber natürlich nur, wenn du Lust dazu hast. Möchtest du das?"

„Natürlich möchte ich!", rief Susi begeistert.

„Ach, übrigens, du brauchst nicht so laut zu rufen, wenn du dich mit mir unterhalten möchtest. Eigentlich brauchst du gar nicht zu reden. Es reicht aus, wenn du laut und deutlich denkst."

„Sag bloß, du kannst Gedanken lesen?"

„Na, klar, das ist eine meiner leichtesten Übungen", antwortete Billy stolz.

„Bin ich gespannt, wie du ausschaust!"

„Ach", meinte Billy noch, „du darfst dir aussuchen, welches Outfit ich heute für dich tragen soll."

„Billy, ich mach mir nichts aus Mode. Komm doch einfach so, wie du bist."

Billy fand Susi jetzt noch sympathischer.

Das traf sich gut, denn Billy machte sich auch nichts aus teuren Schnick-Schnack-Outfits, sondern trug, was er in einer alten Kiste, die seinem Opa schon gehörte, gefunden hatte.

„Du, Susi, bist du wirklich sicher, dass du mich in deinen Gedanken haben willst? Es kann nämlich sein, dass es etwas kitzelt."

Ach, das macht gar nichts, dachte Susi laut und deutlich, sodass Billy jeden Gedanken gut verstehen konnte. „Ich finde kitzeln lustig."

„Also, dann geht es jetzt los."

Billy nahm das Ende seiner Wunschkappe in beide Hände und fing an, das kleine Zipfelchen mit dem Goldglöckchen fest zu schütteln. Ein ganz leises wunderschönes Klingeln war zu hören und – schwupp – war Billy nicht mehr in Susis Zimmer, sondern in ihrer Gedankenwelt.

Susi lachte, als sie auf einmal diesen kleinen Zwerg in diesem etwas altmodischen Outfit in ihren Gedanken sah. „Du schaust aber lustig aus."

„Was soll das denn heißen?", meinte Billy unsicher. Er wusste nicht genau, ob lustig ein Kompliment war. Eigentlich wollte er mutig ausschauen und nicht lustig.

„Das soll heißen, dass ich dich mag, Billy."

„Oh, toll. Ich mag dich auch, Susi."

„Wieso bist du eigentlich ausgerechnet zu mir gekommen, Billy?

Ich habe weder viele Spielsachen noch sehe ich so schön aus wie andere Mädchen. Und ich habe auch keine interessanten Hobbys wie Reiten und Tennis spielen oder ..."

„Ach, ich suche mir doch meine Freunde nicht nach ihren Hobbys aus. Nein, hm, eigentlich bin ich zu dir gekommen, weil es dir nicht so gut geht."

Billy wollte nicht gleich mit der Tür ins Haus fallen und das Nachschriftenproblem erwähnen.

„Weißt du vielleicht von meiner Sechs in der Nachschrift?", fing Susi vorsichtig an.

„Hm", meinte Billy.

„Und auch von der ääh..."

„Ja, auch von der Unterschrift des Vaters und dass dein Vati nicht unterschreiben kann, weil er gar nicht hier wohnt."

„Woher weißt du das alles?", wollte Susi wissen.

„Das ist eine lange Geschichte, die erzähle ich dir ein anderes Mal.

Jetzt will ich erst einmal meinem Auftrag nachgehen und dir helfen, denn das ist schließlich mein Beruf." „Wie willst du mir denn helfen mit – entschuldige – schlappen zehn Zentimetern?"

„Als ob das Helfen eine Frage der Größe wäre!

Ich habe schon eine Idee und die ist so gut, als ob sie von einem sieben Meter großen Riesen wäre."

„Wirklich?", fragte Susi aufgeregt.

4. KAPITEL
Billy startet seine Susi-Meier-Hilfsaktion

Billy krempelte die Ärmelchen seines Outfits hoch und meinte:

„So, jetzt kann es losgehen mit der Lösung meines ersten Falles."

„Was, ich bin dein erster Fall, Billy?", fragte Susi ängstlich.

„Nun ja", meinte Billy etwas verlegen, „eigentlich schon. Aber ich habe mein Examen mit Auszeichnung bestanden."

„Das gibt wenigstens ein bisschen Hoffnung", entgegnete Susi.

„Wir brauchen also die Unterschrift deines Vaters."

Billy setzte sich hin und fing das Denken an. Er dachte und dachte und kombinierte und kombinierte und auf einmal rief er:

„Ich hab es! Zuerst brauchen wir deinen Vater. Denn ohne Vater – keine Unterschrift des Vaters."

„Ach, Billy", sagte Susi seufzend. „Du meinst es ja gut, aber wie sollen wir denn an Vatis Adresse kommen? Er hat sich ja schon seit drei Jahren nicht mehr gemeldet und im Internet und im Telefonbuch steht er auch nicht."

„Lass mich nur machen", sagte Billy. „Ich sause jetzt einmal kurz raus aus deinen Gehirnwindungen hin zu meinem Klemuz-Mobil."

Billy nahm das Ende seiner Wunschkappe in beide Hände, schüttelte das goldene Glöckchen und ab ging die Fahrt.

Es war nur ein leises „Whop" zu hören und Billy war nicht mehr in Susis Gehirnwindungen, sondern in ihrem Zimmer.

Er rannte zu seinem fahrbaren Untersatz und drückte auf einen mondförmigen Knopf, der sich gleich neben dem sternförmigen Knopf befand.

Da öffnete sich schon ein kleines Türchen, hinter dem sich ein vollständig eingerichtetes Klemuz-Mobil-Büro befand.

Billy ging zu seinem Computerplatz, schaltete den Bildschirm ein und gab den Namen Meier ein.

So viele Meier hatte Billy noch nie auf einmal gesehen. In weniger als einer Sekunde war der ganze Bildschirm über und über mit Meiers übersät.

„Wir brauchen also mehr Informationen", folgerte Billy. „Susi, ich brauche den Vornamen deines Vaters!"

Susi überlegte: „Wie hatte doch Mutti immer zu Vati gesagt, wenn sie sich stritten? Dann rief Mutti immer ganz laut ‚Dieter'. Ich hab es, er heißt Dieter."

Billy gab „Dieter Meier" in seinen Computer ein und da wurde die Liste auch schon bedeutend kürzer. Es gab nur noch zehn Dieter Meier. Aber zehn Dieter Meier waren genau neun zu viel. „Also gut", meinte Billy, „wir brauchen noch eine Information.

Was war denn dein Vati von Beruf?"

„Mein Vati? Ja, das war ja das Problem. Er war arbeitslos."

„Ich meine", sagte Billy, „was er von Beruf war, bevor er arbeitslos wurde."

„Sie haben oft davon geredet", sagte Susi, „es waren zwei Wörter. Aber ich war damals ja erst fünf Jahre alt und es waren so schwierige Wörter. Ich habe sie mir nicht merken können. Papa musste irgendetwas malen, mit Tusche und Feder, und das hat immer ganz lange gedauert.

Und weil Papa das nur mit der Hand malen konnte und nicht mit dem Computer, ist er entlassen worden."

„Also", sagte Billy, „war er vielleicht Suppenschüsseldekormaler?"

„Nein, so hieß der Beruf von Papa nicht."

„Oder Schmetterlingsflügelverzierer?"

„Nein, das war es auch nicht."

„Ich schau mal, vielleicht kann uns ja mein Spezial-computer helfen."

Billy hatte wieder einmal einen seiner Geistesblitze und ließ sich vom Computer einfach alle Berufe der zehn Dieter Meier ausdrucken. Vielleicht würde Susi ja den Beruf ihres Vaters wiedererkennen, wenn sie ihn hören würde.

„Also", fing Billy an, „war er Lastwagenfahrer?"

„Nein."

„Oder Werkzeugmechaniker?"

„Nein."

„Uhrmacher?"

„Nein."

„Medizinisch technischer Laborant?"

„Nein."

„Lehrer für Sozialkunde, Erdkunde und Geschichte?"

„Nein."

„Technischer Zeichner?"

„Ja, das war es!", rief Susi laut, die in der Aufregung ganz vergessen hatte, dass sie nur laut und deutlich denken musste.

„Wo bist du eigentlich, Billy? Ich hätte dich gerne mal für diese tolle Leistung in den Arm genommen."

„Lieber nicht", meinte Billy ein bisschen verlegen, „ich hätte schon ein wenig Angst, dass mir dabei die Luft wegbleiben würde."

Billy klickte mit der Maus auf dem Bildschirm den Beruf technischer Zeichner an und – schwupp – war die Adresse von Dieter Meier eingeblendet. Dazu sah man ein Bild von ihm und einen Stadtplan, wie man mit dem Klemuz-Mobil am schnellsten zu dieser Adresse kommt.

„Hamstergasse 9", las Billy laut vor.

„In der Hamstergasse?", rief Susi ganz verdutzt, „die ist ja ganz in der Nähe der Schule. Anke wohnt in der Straße. Bloß komisch, dass ich Vati noch nie begegnet bin. Ich dachte, dass er sicher weg aus Weinfurt oder vielleicht sogar ganz weg aus Deutschland gezogen ist.

Aber trotzdem habe ich mir immer gewünscht, ihn irgendwann einmal zu treffen, ganz zufällig im Schreibwarengeschäft Radierhuber und Söhne, wo ich alle meine Schulhefte kaufe."

„Also, jetzt will ich mir nur noch kurz das Gesicht einprägen: bunte Brille, kurze Haare, braune Augen."

„Was!", rief Susi. „Vati hat keine Brille, er hat auch keine kurzen Haare, aber er hat einen Bart." „Nein! Dieter Meier hat keinen Bart."

„Das ist nicht Vati. Ich glaube, dein Spezialcomputer hat sich getäuscht, Billy."

„Das glaube ich nicht. Denn auf meinem Bildschirm stehen noch mehr Informationen, die alle dafür sprechen, dass er dein Vater ist."

„Was für Informationen denn?", wollte Susi wissen.

„Es steht da: Dieter Meier, verheiratet mit Gerda Meier, zwei Kinder, Susi und Beppo.

Ich glaube nicht, dass es in Weinfurt so viele Dieter Meier gibt, die von Beruf technischer Zeichner sind, eine Frau namens Gerda und zwei Kinder mit den Namen Susi und Beppo haben."

„Stimmt", meinte Susi, „du hast mich überzeugt. Schade, dass ich das Bild nicht sehen kann."

„Ach so", sagte Billy, „kein Problem, ich kann das Bild ausdrucken lassen und mit in deine Gedankenwelt nehmen. Wenn du das möchtest."

„Das könntest du?"

Billy ließ das Bild ausdrucken, legte es unter seine Wunschkappe, nahm das Zipfelchen mit dem Glöckchen in beide Hände und fing an zu läuten – Whop – und schon war Billy wieder in Susis Gedankenwelt.

Billy kramte ein wenig unter seiner Kappe, denn er hatte dort immer ein paar nützliche Sachen wie einen Regenschirm, eine Eismaschine, eine Luftmatratze und auch noch eine Reiseausstattung mit all den nötigen Dingen, die ein Klemuz bei einem Einsatz benötigen könnte. Es dauerte nicht lange und er hatte das Bild gefunden.

„Was?", entfuhr es Susi. „Das soll Vati sein? Den Mann kenne ich doch. Ich habe ihn schon oft im Schreibwarengeschäft Radierhuber und Söhne gesehen. Das

letzte Mal hat er Druckerpapier gekauft. Mir ist gleich diese schöne bunte Brille aufgefallen."

Susi wurde ganz blass. Sie konnte es immer noch nicht fassen, wie Vati jetzt aussah.

Sie hatte sich sogar schon mit ihm unterhalten. Das letzte Mal hatte der Mann einen süßen Hund namens Wuffi dabei. Susi wollte wissen, ob man den Hund einmal streicheln durfte.

„Na klar, mein Kind", hatte er gesagt.

„Mein Kind" hatte er gesagt, das wusste sie ganz genau. Ob er wusste, dass sie wirklich sein Kind war? Oder hatte er es nur gesagt wie Frau Schlaumilch?

Die sagt auch immer: „Na, mein Kind, was hast du denn heute wieder für Hausaufgaben vergessen?"

Und jedes Mal würde ich am liebsten sagen: „Ich bin nicht ihr Kind, Gott sei Dank!"

Aber Mutti hat gemeint, wenn Erwachsene so etwas sagen, solle man sie lieber nicht berichtigen, denn sonst sind sie vielleicht beleidigt.

Billy krempelte die Ärmelchen seines Anzuges noch etwas höher und meinte: „Susi, jetzt wissen wir ja, wo er wohnt, jetzt check ich einmal die Lage."

„Was machst du?"

„Ich fahre jetzt einmal zu deinem Vater und versuche herauszufinden, wie wir ihn zu einer Unterschrift bewegen können. Ach, noch was, Susi. Wie groß ist denn Wuffi?", fragte Billy ängstlich.

Susi lachte und meinte: „Billy, ich denke, du bist ein Klemuz.“

„Ach, entschuldige, das hatte ich für einen Augenblick vergessen.“

Und schon hörte man das leise Whop, eine hohe Stimme rief: „Bis gleich“, und das leise Starten eines Motors, eines sehr, sehr kleinen Motors.

Susi wischte sich die Augen und dachte: *Habe ich das alles nur geträumt?*

Aber bevor sie sich noch darüber klar werden konnte, ob ein echter Klemuz in ihrem Zimmer gewesen war, klingelte es und Beppo stand vor der Tür.

5. KAPITEL

Wie kommen wir nur zu Dieter Meiers Unterschrift?

Wie kommen wir nur zu Dieter Meiers Unterschrift, die auch noch unter der bewussten Nachschrift stehen soll?, waren Billys Gedanken, als er sein Klemuz-Mobil durch Raum und Zeit lenkte.

Ach, wie gut, dass ich nicht umständlich auf Straßen fahren muss, dachte Billy. *Diese doofen Ampeln würden mich doch nur aufhalten. Sicher hätte ich länger als 30 Sekunden in die Hamstergasse 9 gebraucht.*

Billy brachte diesmal sein Klemuz-Mobil vor der Haustür und nicht etwa in der Küche von Dieter Meier oder gar neben seinem Bett zum Stehen.

Denn er wollte auf gar keinen Fall das Risiko eingehen, dass seine geheime Mission durch das Quietschen seiner Reifen in Gefahr gebracht werden könnte.

Billy drückte wieder einen dieser Knöpfe, die sein Fahrzeug zu dem machten, was es war, ein wahres Zaubergeschoss.

Diesmal war es ein tulpenförmiger Knopf mit der Aufschrift „Lift" und – schwupp – fuhr das Klemuz-Mobil wie ein Lift hoch zu den Klingeln, an denen die Namen der Mieter zu lesen waren. Denn wie sollte sonst ein zehn Zentimeter großer Zwerg, auch wenn er ein Klemuz ist, Namen lesen können, die in einer Höhe von 1,50 Meter angebracht sind.

Und da war er auch schon, der gesuchte Name.

Meier, D. stand an der Klingel. *Das dürfte kein Problem geben*, dachte Billy, als er erkannte, dass Dieter Meier im Erdgeschoss wohnte.

Genau programmierte Billy die Daten: Meier D., Erdgeschoss, links, und drückte dann auf den Startschalter. Wo er genau zum Stehen kommen würde, konnte Billy nicht programmieren, denn er hatte ja keinen Plan der Wohnung.

Also stürze ich mich halt in das Abenteuer, dachte Billy, *denn wofür bin ich denn schließlich ein Klemuz?*

Zum Stehen kam Billys Klemuz-Mobil genau neben Wuffis Hundekorb.

Ausgerechnet!, dachte Billy, der keine große Schwäche für Hunde hatte. Es sei denn, sie brauchten Hilfe von einem mutigen kleinen Zwerg, aber das war ja bei Wuffi nicht der Fall. Dem ging es hier allem Anschein nach richtig gut.

Neben dem Korb lag ein Hundeknochen und in einem riesengroßen Napf – *den könnte ich ja als Swimmingpool nehmen*, dachte Billy – war leckeres Hundefutter.

Wuffi war anscheinend genau so, wie ihn Susi beschrieben hatte. Er war keiner dieser Kläffer oder Beißer. Er war ein richtig verträglicher Zeitgenosse. Billy hatte sogar das Gefühl, als ob Wuffi ihn anlächeln würde.

Blödsinn! Der kann mich doch gar nicht sehen. Ob ich vielleicht einmal ein paar Gedanken von Wuffi lesen sollte.

Ob der überhaupt denkt? Egal, ich versuch es, weniger als nichts kann ich ja nicht finden.

Billy fing an, sich zu konzentrieren, und schon war er in Wuffis Gedankenwelt. Der träumte gerade von einer schneeweißen Pudeldame mit rosa Spängchen.

Billy war überrascht, wie klar Wuffis Gedanken zu verstehen waren.

Mal sehen, vielleicht kann ich mich ja mit Wuffi sogar unterhalten.

„Hallo, Wuffi, hörst du mich?"

„Na klar hör ich dich, Hundeohren sind doch zehnmal schärfer als Zwergenohren."

Das durfte ja nicht wahr sein. Der konnte ja richtig reden.

„Aber sehen kannst du mich nicht, oder?"

„Wieso sollte ich dich nicht sehen können? Na klar sehe ich dich, am besten gefällt mir deine Mütze mit dem Glöckchen."

„Was, du siehst mich?"

„Ja, und wenn mich nicht alles täuscht, dann bist du ein Klemuz?"

„Woher, woher ...", stotterte Billy.

„Woher ich das weiß?", meinte Wuffi. „Meine Mami hat mir von diesen kleinen mutigen Zwergen erzählt. Als sie noch jung war, hat ihr mal ein Klemuz geholfen. Ja, man könnte sagen, er hat ihr das Leben gerettet."

„Wie hat er ihr denn geholfen?", wollte Billy wissen.

„Ach, die Geschichte möchte ich dir lieber bei einer anderen Gelegenheit erzählen, sie ist sehr traurig.

Aber wenn ich dir sonst irgendwie behilflich sein kann – für einen Klemuz tue ich alles."

Billy bekam ein Leuchten in den Augen. „Wirklich, du hilfst mir?"

„Na klar!", bellte Wuffi.

Schnell erzählte Billy Wuffi die Geschichte mit Susis Nachschriftennote und der Unterschrift des Vaters.

„Aber wo liegt das Problem?"

Billy schaute Wuffi ganz entgeistert an.

„Wo das Problem liegt? Ich habe noch nicht die geringste Idee, wie ich es anstellen soll, dass Dieter Meier die Nachschrift von Susi unterschreibt."

„Nun ja, vom Himmel fällt die Unterschrift meines Herrchens natürlich nicht. Aber wenn du ihn bittest zu unterschreiben, dann macht er es bestimmt."

„Nach allem, was mir Susi von ihrem Vater erzählt hat, kann ich mir das nicht vorstellen", meinte Billy unsicher.

„Aber Billy, Menschen ändern sich. Bei meinem Herrchen trat die Änderung vor genau zwei Jahren ein. Damals konnte er eine Bildungsmaßnahme über das Arbeitsamt in Sachen CAD machen. Genau weiß ich auch nicht, was das ist.

Aber irgendwie macht jetzt Dieter all das, was er vorher mit der Hand gemalt hat, mit dem Computer.

Als er diesen Kurs dann abgeschlossen hatte, bekam mein Herrchen wieder Arbeit. Und seitdem er wieder Arbeit hat, trinkt er auch nicht mehr. Man könnte sagen, er ist ein anderer Mensch geworden.

Wenn du ihn früher gekannt hättest, würdest du ihn sicher heute nicht wiedererkennen. Auch sein Äußeres hat sich geändert.

Er hat jetzt einen flotten Kurzhaarschnitt, keinen Bart mehr und manchmal trägt er eine spritzige bunte Brille."

Billy nickte. „Susi hat mir auch schon erzählt, dass er sich sehr verändert haben soll.

Nun ja, für die Unterschrift käme es auf einen Versuch an. Ich glaube, du hast recht, Menschen können sich ändern."

Billy verabschiedete sich von Wuffi, stieg auf sein Klemuz-Mobil und fuhr zurück zu Susis Wohnung.

Wuffi legte seinen Kopf wieder auf seine zotteligen Vorderpfoten und träumte weiter von seiner schneeweißen Pudeldame.

6. KAPITEL

Das Falllösungsthermometer

„Hallöchen, Fall fast gelöst", waren die Worte unseres kleinen mutigen Zwerges, als dieser vor Susis Sofa mit seinem Zaubergeschoss zum Stehen kam.

Susi nahm ihren Kuschelhasen noch fester in den Arm und fragte leise: „Billy, bist du es?"

„Na klar, wer kommt denn sonst noch mit quietschenden Reifen vor deinem Sofa zum Halten?"

„Eigentlich niemand", flüsterte Susi, die wieder ganz vergessen hatte, dass sie nur zu denken brauchte.

„Ich gehe davon aus, dass du nicht mehr allein zu Hause bist."

„Ja, Mutti ist heute etwas früher nach Hause gekommen, sie bekommt heute Abend Besuch."

„Wer kommt denn?", wollte Billy wissen.

„Eine Frau aus der Scheidungsgruppe."

„Scheidungsgruppe?" Dieses Wort hatte Billy noch nie gehört.

„Ja, Mutti trifft sich alle zwei Wochen mit Frauen, die von ihren Männern verlassen worden sind. Manche davon sind geschieden, andere wollen sich scheiden lassen."

„Wieso denn das?"

„Sie sagt, sie brauche jemanden zum Reden, am besten jemanden, der ihre Probleme versteht."

„Aha. Da ist ja auch nichts dagegen einzuwenden", meinte Billy, „denn es hat ja nicht jeder mein Anti-Problem-Spray. Aber heute Abend soll dein Vati zu Besuch kommen. Und da können wir niemanden aus der Scheidungsgruppe hier brauchen."

Susi schaute Billy mit großen Augen an: „Wer soll heute Abend zu Besuch kommen? Und was soll das heißen, dass du den Fall fast gelöst hast?" „Also", begann Billy, „ich habe mich mit Wuffi unterhalten und der hat …"

„Ja, ja", unterbrach ihn Susi grinsend, „und ich habe mich mit der Katze der Nachbarn unterhalten."

„Oh, was hat sie denn erzählt?", wollte Billy wissen.

„Miau, miau, miau."

„Ach, ich verstehe, du willst mich auf den Arm nehmen, Susi. Und ich dachte schon, du kannst dich wirklich mit Katzen unterhalten."

„Jetzt sag bloß, du kannst dich mit Hunden unterhalten?"

„Ja, aber bis heute wusste ich das selbst nicht."

„Und was hat Wuffi erzählt?"

Da klingelte auf einmal das Telefon.

„Moment mal, Susi, mein Falllösungsthermometer steigt, das heißt, dass dieses Telefonat für uns wichtig ist."

„Dein was?"

„Mein Falllösungsthermometer. Was das ist, erzähle ich dir später."

„Meier", meldete sich Susis Mutter. „Ach, Gabi, du kannst heute Abend nicht, das ist aber schade. Nun ja, dann treffen wir uns am nächsten Mittwoch in der Gruppe. Und die Lasagne werden wir dann halt allein essen. Tschüss. Bis dann."

Ein Problem weniger, dachte Billy. „Jetzt müssen wir nur noch deinen Vater einladen."

Das Falllösungsthermometer stieg weiter und weiter.

„Ah, also eine gute Entscheidung. Willst du immer noch wissen, was mein Falllösungsthermometer kann?"

„Na klar", meinte Susi, „schieß los."

„Also, es ist ein Geschenk meines Großvaters, und der war ja schließlich ein Klemuz mit MUKLEZ-Orden. Dieses Thermometer war mit schuld daran, dass er so erfolgreich war und von allen sehr geschätzt wurde. Du kennst sicher das Spiel Topfschlagen, wo ein Topf in einem Zimmer versteckt ist. Einem werden die Augen verbunden und nun soll man versuchen, mit einem Kochlöffel ausgestattet, diesen Topf zu finden.

Eigentlich würde man dazu Jahre brauchen, aber die anderen Menschen in dem Raum helfen einem, indem

58

sie rufen: ‚heiß' und ‚kalt'." „Ah, das kenne ich aus dem Kindergarten. Je näher man an den Topf kommt, umso lauter rufen die Kinder ‚warm' oder ‚heiß'.

Bewegt man sich weg, rufen sie ‚kalt' oder ‚eiskalt'."

„Und genau so funktioniert mein Thermometer. Je näher ich an die Lösung komme, desto weiter steigt die Temperatur, je weiter ich mich wegbewege, desto weiter fällt sie."

„Und auf wie viel Grad steht dein Thermometer jetzt?"

„Auf 67 Grad, aber nicht Celsius, sondern Schnurrbartdreher."

„Schnurrbartdreher?"

„Ja, so hieß der Erfinder dieses Falllösungsthermometers."

„Und bei wie viel Grad Schnurrbartdreher ist der Fall gelöst?"

„Bei hundert Grad. Also, deshalb ran an das Telefon."

„Soll ich etwa Vati anrufen?"

Billy schaute auf sein Thermometer, es stieg auf 68 Grad.

„Natürlich", sagte Billy und deutete auf die Skala seines Thermometers.

„Also gut", meinte Susi. Eigentlich hatte Susi das schnurlose Telefon nie richtig leiden können, denn meistens mussten sie es erst suchen, wenn es läutete, und manchmal fanden sie es erst, wenn schon längst niemand mehr am anderen Ende der Leitung war.

Aber heute, dachte Susi, *ist es natürlich optimal.*

Susi schlich sich in die Küche und holte sich einen Orangensaft.

Mutti war gerade mit dem Abkochen der Lasagne-Nudelplatten beschäftigt, was ihre ganze Aufmerksamkeit forderte.

Und als Susi wieder zurück in ihr Zimmer ging, nahm sie das Telefon einfach mit.

Geschafft, dachte Susi und setzte sich mit dem Telefon auf ihr Sofa.

„Was soll ich denn sagen?", wollte Susi wissen.

„Mach dir darüber keine Gedanken. Wenn du willst, lege ich dir die richtigen Worte in den Mund."

Toll, dachte Susi, *wenn das auch mal jemand bei mir in der Schule machen würde.*

Susi wählte die Nummer, die ihr Billy diktierte.

Etwas aufgeregt war sie schon, als das Klingelzeichen ertönte.

Susi zählte in Gedanken mit: 1, 2, 3 … „Ja, Meier am Apparat. Was kann ich für Sie tun?", erklang eine freundliche Stimme am anderen Ende der Leitung.

„Hallo, Vati!"

„Bist du es, Susi?"

„Ja, ich bin es."

„Das ist ja eine Überraschung. Geht es dir gut?"

„Eigentlich schon, bis auf …"

„Bis auf was?", wollte die nette Stimme am anderen Ende wissen.

 60

„Ach, Vati, ich habe ein Rechtschreibproblem. Das Beste wäre, du würdest mich heute Abend besuchen, dann könnte ich dir alles erzählen."

„Aber da hat Mutti bestimmt etwas dagegen", entgegnete Dieter Meier mit trauriger Stimme.

„Nein, bestimmt nicht. Kommst du?"

„Also gut, in einer Viertelstunde bin ich bei euch. Mehr als rauswerfen kann mich Gerda schließlich nicht."

„Tschüss, bis gleich."

Sofort begann Billy mit weiteren Anweisungen:

„So, und jetzt, Susi, jetzt nimmst du dein Nachschriftenheft und zeigst es deiner Mutti." Das Thermometer stieg auf 70 Grad. Susi nahm ihr Heft und ging in die Küche, wo es schon sehr lecker nach Lasagne duftete.

„Du, Mutti, ich habe in der Nachschrift ..."

Frau Meier lächelte, nahm das Heft und wollte unterschreiben, als sie den Satz von Frau Schlaumilch unter dem Diktat las:

„Unterschrift des Vaters!"

Frau Meier wurde ganz blass.

Da klingelte es.

„Wer kann denn das sein?

Ach, vielleicht hat es sich Gabi doch noch anders überlegt."

Schnell band sie die Küchenschürze ab und öffnete die Tür.

Sie traute ihren Augen nicht, als sie Dieter Meier vor der Tür stehen sah.

7. KAPITEL

Dieter Meiers Unterschrift

„Was machst du denn hier?", waren die verblüfften Worte von Frau Meier, die zweimal hinschauen musste, ob es auch wirklich ihr Mann war.

Dieter Meier lächelte etwas nervös. Denn er wusste: Jetzt würde es darauf ankommen, ob er hinausgeworfen werden oder ob Gerda ihn hineinbitten würde.

Ob es eine gute Idee war, Wuffi mitzunehmen? Eigentlich mochte Gerda keine Hunde. Ja, seitdem sie von einem kleinen Dackel gebissen worden war, hatte sie sogar vor Hunden, besonders vor den kleinen, gehörige Angst. Wie gut, dass Billy gerade eine Live-Gedankenschaltung begonnen hatte.

„Da bin ich gefragt!", waren seine Worte, als er auch schon mit seinen Flitzeschuhen zum Klemuz-Mobil sauste, um entsprechende Sprayfläschchen zu holen.

Ein gezielter Druck auf den richtigen Knopf und schon öffnete sich das Schränkchen mit den Sprayfläschchen. Billy griff mit geübter Hand einmal zu einem Anti-Hundeangstspray und einmal zu einem Anti-Ehekrachspray. Und dann nichts wie zurück zur Tür.

Kaum hatte Billy mit seinen Sauseschuhen scharf gebremst, öffnete er die Sprühfläschchen, nahm eines in die linke und eines in die rechte Hand und drückte dreimal kräftig auf beide Fläschchen.

Billy war sehr gespannt, ob er die richtige Dosierung gefunden hatte.

Wie auf Kommando fingen Herr und Frau Meier gleichzeitig zu niesen an, dreimal hintereinander.

„Geschafft!", flüsterte Billy.

„Gesundheit! Gesundheit!", riefen sich Dieter und Gerda Meier zu. „Ach, komm erst einmal herein, bei uns gibt es heute Lasagne. Vielleicht hast du ja Lust, eine Kleinigkeit mit uns zu essen."

„Gern", sagte Dieter Meier und war sich noch nicht sicher, was er mit Wuffi machen sollte.

Sollte er ihn vielleicht unten im Hof anbinden?

Wuffi ahnte schon, was kommen würde.

Ein freundliches Lächeln mit den Worten: „Da darfst du jetzt nicht mit hinein. Hunde müssen draußen bleiben."

Dabei hatte Wuffi noch nirgends dieses kleine weiße Schild mit den schwarzen Hunden entdeckt, die auf dem Bild zu lächeln und freudig mit den Schwänzchen zu

wedeln schienen. Am Anfang dachte Wuffi noch: Wenn ich ein brauner oder ein weißer Hund wäre, dürfte ich bestimmt mit hinein.

Aber seine Hundefreunde, die mit ihm vor dem Metzger oder dem Supermarkt warteten, hatten ihm erzählt, dass mit diesem Schild alle Hunde gemeint seien, egal, was man für eine Fellfarbe hatte, man musste draußen warten.

Aber Wuffi konnte dieses Schild weit und breit nicht entdecken.

Billy sah den besorgten Blick Wuffis, nahm noch einmal seine Anti-Hundeangstsprayflasche und sprühte sechs Sprühstöße in Richtung Frau Meiers Nase. Die musste sechsmal niesen.

„Hast du dich erkältet?", fragte Herr Meier besorgt.

„Nein, ich weiß auch nicht, was das ist. Aber wen haben wir denn da? Ja, so ein süßer kleiner Hund. Wie heißt er denn?"

Wuffi setzte seinen treuesten Hundeblick auf. Diese Frau war ihm sympathisch.

Wer so anfängt und bei wem es so riecht, nämlich nach leckerer Lasagne, der muss ein Hundefan sein, dachte Wuffi.

Dieter Meier wusste nicht, warum seine Frau sagte, dass Wuffi ein süßer Hund sei. Früher hatte sie immer

von kleinen hinterhältigen Monstern gesprochen. Aber Menschen können sich ändern. Das wusste er ja am allerbesten.

„So, jetzt wollen wir aber nicht länger hier an der Tür stehen bleiben." Und so gingen beide lächelnd in die Küche.

„Du kennst dich ja hier aus, Dieter. Willst du auf deinen Platz?"

„Gerne."

Wuffi legte sich neben die Füße seines Herrchens und harrte der Fleischstückchen, die vielleicht bald vom Himmel oder besser gesagt aus Dieter Meiers Hand fielen.

Susi holte noch einen Teller und Besteck, legte es ihrem Vater auf den Platz und hauchte dabei ihr liebstes „Hallo, Vati."

„Hallo, meine Kleine, du bist aber groß geworden. Wie geht es dir?"

„Gut, Vati – also, fast gut. Ich habe da nämlich ein Problem."

„Ach", meinte Frau Meier. „Jetzt essen wir erst einmal. Susis Problem ist jetzt, wo du da bist, kein Problem mehr."

„Na, schön. Wo ist denn der Kleine?"

„Beppo ist heute Abend bei Oma Marie. Aber in zwei Stunden bringt ihn meine Mutter wieder. Wenn du dann noch da bist ... er würde sich sicher sehr freuen, dich zu

sehen. Er fragt oft nach dir. Aber jetzt erst einmal guten Appetit."

Und Familie Meier aß und aß, Wuffi bekam reichlich von den Hackfleischstücken, sogar von Frau Meier persönlich auf einem extra Tellerchen serviert.

Das kommt nur in den besten Familien vor, dachte Wuffi und fraß zufrieden.

„Deine Lasagne – ausgezeichnet, Gerda!"

„Danke, Dieter."

Als fertig gegessen war, gab es zum Nachtisch Tiramisu.

„Schmeckt wie in Italien. Erinnerst du dich noch, Gerda, als wir in Italien Urlaub gemacht haben? Das waren noch Zeiten."

Toll!, dachte Billy, *wie das alles klappt. Und das alles fast ohne Spray.*

Billy machte es sich in einer Tasse, die auf dem Kühlschrank stand, bequem und beobachtete alles genau. Denn sollte es kritisch werden, würde er sofort eingreifen. Billy schaute auf sein Thermometer.

88 Grad, hervorragend.

Wir kommen der Lösung des Falles immer näher.

Gerda und Dieter schauten sich verliebt an und erzählten sich, was sie in den letzten drei Jahren erlebt hatten.

Susi aß schweigsam ihr Tiramisu und freute sich darüber, wie gut gelaunt Vati und Mutti doch waren.

„So, aber jetzt zu deinem Problem, Susi, dir habe ich die Einladung ja zu verdanken."

Susi dachte: *Eigentlich ist es ja Billy, dem du die Einladung zu verdanken hast.*

Aber das behielt sie für sich.

Susi holte ihr Nachschriftenheft.

Was Vati dazu wohl sagen wird?

„Du Vati, ich bin in Nachschriften nicht so gut."

Ob Vati jetzt schlechte Laune bekommt?

Aber er lächelte nur und sagte: „Ich war im Rechtschreiben auch keine Leuchte, aber das kann man ändern. Man kann üben. Und je besser man wird, desto mehr macht das Rechtschreiben Spaß.

Unterschrift des Vaters!", las er laut vor. „Na, wer schreibt denn so etwas unter ein Heft?"

„Unsere Lehrerin, Frau Schlaumilch."

„Wenn man schon Schlaumilch heißt …"

Vati nahm einen Füller aus seiner Jacke und schrieb Dieter Meier darunter.

„Am liebsten würde ich jetzt schreiben: Unterschrift von Herrn Schlaumilch. Aber den Spaß würde eure Frau Schlaumilch sicher nicht verstehen und du würdest nur Ärger bekommen."

Habe ich nicht einen tollen Vati?, dachte Susi. *Was heißt hier toll? Das ist der beste Vati, den es gibt.*

„Ach, übrigens, ich hab dir etwas mitgebracht."

„Mir?"

Herr Meier nahm eine Tasche mit der Aufschrift „Radierhuber und Söhne" und holte eine kleine Schachtel heraus, auf der lauter bunte lustige Schnecken abgedruckt waren. Der Deckel hatte einen Schlitz.

„Was ist denn das?", wollte Susi wissen, der die Schachtel sehr gut gefiel, die aber mit dem Schlitz in der Mitte nichts anfangen konnte.

„Ist das vielleicht eine Sparschachtel?"

„Nein!", sagte Herr Meier, „das ist eine Diktatschachtel." „Eine Diktatschachtel?" Susi sah ihren Vater fragend an. „Ja, die Schachtel habe ich beim Radierhuber gekauft.

Aber den Schlitz habe ich vorhin extra für dich hineingeschnitten, als du gesagt hast, dass du ein Rechtschreibproblem hast.

Da hab ich gleich an mein Rechtschreibproblem gedacht und daran, wie ich ein richtig guter Rechtschreiber geworden bin.

Diese Diktatschachtel", erklärte Dieter Meier, „soll dir beim Üben helfen. Du nimmst entweder deinen Text und zerschneidest ihn oder schreibst dir auf kleine Papierstreifen Wörter oder Sätze.

Dann prägst du dir das Wort oder den Satz genau ein, fotografierst es richtig im Kopf. Und wenn du es genau im Kopf hast, dann wirfst du deinen Papierstreifen in die Diktatschachtel.

Wenn du deinen ganzen Text geübt hast, machst du die Schachtel wieder auf und überprüfst, ob du alles richtig geschrieben hast.

Die Sätze, die richtig waren, lässt du in der Schachtel. Wörter, die du falsch geschrieben hast, holst du heraus, fotografierst sie noch einmal, am besten jetzt noch genauer, und wirfst deinen Zettel wieder hinein.

Diktatschachtel

Das machst du so lange, bis du deinen Text ganz und gar superrichtig schreiben kannst."

„Klasse, Vati!", entfuhr es Susi. „Da kann ich ja ganz allein üben, auch wenn Mutti keine Zeit hat zum Diktieren."

„Genau."

„Toll!", meinte auch Frau Meier.

„So, jetzt muss ich aber nach Hause, ich habe euch schon viel zu lange belästigt."

„Auf keinen Fall, Dieter, ich habe mich sehr gefreut. Wo Beppo heute nur bleibt? Eigentlich müsste er schon seit einer halben Stunde da sein", sagte Frau Meier nachdenklich.

„Ja, schade", meinte auch Dieter Meier.

„Aber du könntest doch wiederkommen!", rief Susi mit erwartungsvollem Blick.

Dieter Meier schaute seine Frau an.

„Ja, das wäre schön, Dieter."

„Ehrlich?"

„Ehrlich! Wie wäre es mit Samstag?"

„Ja, soll ich euch abholen?"

„Au ja", rief Susi.

„Abgemacht, Samstag um neun. Einen schönen Gruß an Beppo."

Nach diesen Worten nahm Dieter Meier Wuffi an die Leine, verabschiedete sich noch etwas förmlich, aber sehr freundlich von seiner Frau und drückte Susi.

„Bis Samstag!"

Kaum war Dieter Meier aus dem Haus, klingelte es an der Tür.

Susi machte auf. Beppo und Oma Marie standen davor.

„Tut mir leid", sagte Oma Marie entschuldigend, „dass wir so spät dran sind.

Hoffentlich habt ihr euch keine Sorgen gemacht. Aber an der Niederndorfer Straße stand eine Ampel auf Rot und hat eine halbe Stunde lang nicht umgeschaltet.

So etwas habe ich noch nicht erlebt. Ja, diese Computerschaltungen."

Ja, ja, dachte auch Billy, der gerade von der Niederndorfer Straße wieder zurück war, *diese Computerschaltungen ...*

„Nein, nein, das macht überhaupt nichts. Schön, dass du wieder da bist, Beppo, und danke, Marie, fürs Aufpassen."

„Gute Nacht, Gerda."

„Gute Nacht, Marie."

„Weißt du, wer uns am Samstag abholt?", fragte Frau Meier ihren Sohn.

„Nein", sagte Beppo.

„Wer denn?"

„Vati!"

„Ehrlich?"

„Ehrlich!"

Beppo rannte zu Susi.

„Weißt du, wer uns am Samstag abholt?"

„Ja, Vati. Toll, Beppo, was?"

„Toll! Ich freue mich auf Samstag."

„Ich mich auch!"

8. KAPITEL

Billy Magic ruft Fehlerteufelin Cecilie zu Hilfe

Cecilie

„Wie lange ist es noch bis Samstag?", wollte Beppo wissen.

„Also, heute ist Mittwoch, dann kommen der Donnerstag und der Freitag und dann ist Samstag."

„Dauert das lange?"

„Na ja, ein bisschen dauert es schon."

„So lange, wie es immer dauert, bis Weihnachten ist?"

„Nein, Beppo, so lange nicht."

Aber die Antwort auf seine Frage, wie lange es dauerte, bis auch er Vati sehen würde, war nicht das Einzige, das ihn interessierte.

Er wollte natürlich wissen, wie Vati aussieht, ob er groß oder klein ist, einen Bart oder einen Schnurrbart hat und was sie am Samstag machen würden.

Eine ganze Stunde unterhielt sich Susi noch mit ihrem kleinen Bruder und erklärte ihm geduldig alles,

was er wissen wollte. Nach einer Stunde schliefen sie dann beide auf dem Sofa ein.

Als Gerda Meier sah, wo ihre zwei Kleinen heute vom Sandmann überrascht worden waren, dachte sie: *Na, ausnahmsweise dürft ihr heute mal auf dem Sofa träumen, heute war ja auch ein ganz besonderer Tag.*

Am nächsten Morgen nahm Susi ihr Rechtschreibheft mit der Unterschrift des Vaters und schob es in den Heftschoner. Dann verabschiedete sie sich wie gewohnt von Beppo und Mutti, fügte aber zu ihrem Tschüss noch den Satz „Ich freue mich auf Samstag!" hinzu.

„Ich mich auch!", tönte es wie im Chor von Beppo und Gerda Meier. In der Schule angekommen setzte sich Susi auf ihren Platz und holte ihr Rechtschreibheft heraus.

Denn morgens wurde zuerst einmal kontrolliert, ob man auch wirklich nicht die kleinste Kleinigkeit vergessen hatte.

Neben Susi zischte eine Stimme: „Na, wie geht es denn unserer Heulsusi heute?"

Aber Susi machte sich nichts aus Ankes Stichelei, sondern antwortete nur: „Ach, Anke, hör doch bitte auf, mich zu ärgern."

„Wä, wä, wä, dann wein doch!"

Aber Susi war nicht nach Weinen, nicht wegen Anke.

Da hörte Susi auf einmal ein Geräusch, das sie kannte, ein leises Quietschen. So, als ob ein Auto, aber ein sehr kleines Auto, zum Stehen kommen würde.

„Hallo, Susi, ich hab mir gedacht, heute schau ich mal bei euch in der Schule vorbei. Man kann ja nie wissen, wo man gebraucht wird."

„Ach, das ist lieb von dir."

„Du, sag mal, die Anke ist ja ziemlich gemein zu dir."

„Da hast du ganz recht, Billy. Ich habe schon oft versucht, mit ihr darüber zu reden, aber es wird dann eigentlich nur noch schlimmer."

„Soso, nur noch schlimmer! Da habe ich doch eine Idee. Vielleicht müssen wir die Anke auch mal ein wenig zurückärgern."

Billy sauste zu seinem Klemuz-Mobil und ging an sein Telefon, wählte Kurzwahl 6 und wartete.

„Ja, NILEFUETRELHEF in Rente."

„Grüß dich, Oma, hier ist Billy. Ich brauche deine Hilfe."

„Ach, ich freue mich, dass du anrufst. Ich hätte nicht gedacht, dass du dich so schnell nach deiner Ausbildung als Klemuz an mich erinnern darfst."

„Darf ich auch nicht, Oma. Aber ich habe dich lieb und wen man lieb hat, kann man ja schließlich nicht vergessen. Und schon gar nicht auf Befehl."

„Ein kluger Satz, Billy, der hätte von mir sein können."

„Oma, ich habe hier einen Einsatz in der Weißgenau-
Schule, Klasse 3a, Klassenlehrerin Schlaumilch. Hast
du Zeit, mir zu helfen?"

„Natürlich, meine Pokerrunde kann ich absagen,
dann hab ich Zeit. Ich komme."

„Also bis gleich!"

„Bis gleich!"

Es dauerte ungefähr zweieinhalb Minuten und Oma
Cecilie, Fehlerteufelin in Rente, war auch schon da.

Susi hörte dieses – ja, man könnte fast von einem
lustigen Geräusch sprechen – Tuckern, und ab und zu
tat es einen kleinen Knall. Das war Oma Cecilies Motorrad.

Auch sie kam, wie das in Billys Familie üblich zu sein
schien, mit quietschenden Reifen zum Stehen.

„Hallo, Oma!"

„Hallo, Billy! Was kann ich für dich tun?"

Billy zeigte auf Anke.

„Schau, dieses Mädchen ärgert meine Klientin. Und
Susi hat schon alles probiert. Keine Chance."

Oma holte ihren Koffer „Fehlermix" vom Motorrad
und fragte: „Großes oder kleines Fehlerprogramm? Oh
das kribbelt ja richtig in den Fingern."

„Angetäuschtes kleines Fehlerprogramm", ent-
schied Billy.

„Nur angetäuschtes kleines Fehlerprogramm?" Oma schien fast ein wenig enttäuscht. „Na ja, besser als gar
nichts.

Ich hätte es mir ja schon fast denken können, dass ich nur Fehler an-
täuschen darf, wenn ich mit einem
Klemuz zusammenarbeite."

Oma schaute in ihren Koffer Fehlermix, was sie für das angetäuschte kleine Fehlerprogramm alles dabei hatte.

„Also, da hätten wir ..."

Da klingelte die Schulglocke schrill, denn es war 8 Uhr
und Frau Schlaumilch kam mit großen Schritten in das
Klassenzimmer. Oma Cecilie musste laut lachen.

„Was ist denn das für eine Vogelscheuche?"

„Psst, Oma."

Oft musste Susi an letztes Jahr denken, als Frau Hof-
mann ihre Klassenlehrerin war. Da wurde jeden Tag am
Anfang erst einmal ein schönes Lied gesungen. Dazu
stellten sie sich im Kreis auf, manchmal spielten sie
dazu auch auf Instrumenten.

Aber die Stimme von Frau Schlaumilch holte sie
schnell wieder in die Realität zurück.

„Bastian, bete! Aber laut und deutlich!" Der Rest der
Kinderschar stellte sich gerade hin. „Und wenn ich einen
erwische, der Blödsinn macht, dann ..."

Oft wurden diese Drohungen nur angedeutet. Man konnte sich die schlimmsten Szenen ausdenken, was dieses „dann" bedeuten könnte. Aber keiner hatte je gewagt zu fragen, was dann passieren würde.

Bastian betete also das Schulgebet. Kaum war dieses mit „Amen" beendet, hieß es:

„Setzen, Hefte raus! Ich will sehen, welche Schlamper heute schon wieder etwas vergessen haben!"

Noch lehnten Oma Cecilie an ihrem Motorrad und Billy an seinem Klemuz-Mobil.

Oma meinte nur mit einem kleinen Lächeln: „Ach, für diese Schrulle würde ich mir auch gerne etwas einfallen lassen."

„Meinst du wirklich, Oma?"

„Na ja, so ein paar angetäuschte Fehler könnten doch nicht schaden."

„Lust hätte ich auch", meinte Billy.

Oma meinte nur: „Ah, da kann jemand seine Abstammung nicht verleugnen.

Dann schwing ich mich jetzt auf mein Motorrad und fange mit meinem angetäuschten kleinen Fehlerprogramm bei Anke an."

Oma liebte diese Hochstarts und heute ließ sie zur Feier des Tages den Vorderreifen besonders hoch in die Luft steigen.

„Was war denn das?", waren die Worte Ankes, als diese ein leises Quietschen hörte.

Na, die hat schon so einen Blick, dachte Oma Cecilie.

Der sieht man richtig an, dass bei der keine Fehlerteufel in der Büchertasche wohnen.

Zuerst holte Oma Cecilie ihre Brille „Schaugenau" aus dem Koffer, denn sie musste erst einmal herausfinden, wie viele Fehlerteufel noch in der Klasse waren.

Oma tauschte also ihre Normalbrille (sie wollte ja nicht den ganzen Tag lang alle Fehlerteufel, die gerade irgendwo einen Einsatz hatten, sehen. Sie war

ja schließlich in Rente) gegen die rosafarbene Brille „Schaugenau" aus.

Oh nein, da sind bestimmt nicht weniger als 64,3 Fehlerteufel im Klassenzimmer, ergab eine erste Hochrechnung.

Ich war wirklich schon lange nicht mehr in einer Schule.

Oma Cecilie schaute sich um, wen sie erkannte.

Auf dem einen Tisch saßen wirklich nicht weniger als acht Rechtschreibfehlerteufel, bewaffnet mit acht leeren Kistchen. Oma wusste genau, was in diese Kisten hinein sollte: ein Dehnungs-h, das e, das aus einem kurzen i ein langes i macht, und so weiter und so weiter.

Matheteufelchen schlugen Räder und Purzelbäume auf den Tischen, kleine Schlamperteufelchen saßen auf den Rändern der Büchertaschen und warteten nur darauf, dass sie ein Eselsohr machen durften.

Du denkst dir vielleicht gerade, was heißt denn da machen „dürfen"?

Nun ja, die Fehlerteufel können nur zuschlagen, wenn ihnen das der Schüler erlaubt.

Also, das bedeutet: Wer Eselsohren hasst und ganz sorgfältig mit seinen Sachen umgeht, bei dem kann ein

Schlamperteufelchen nicht zuschlagen. Das ist gegen den Schlamperteufelchen-Ehrenkodex.

Jetzt habe ich aber genug gesehen, dachte Oma Cecilie, *nun heißt es ran an die Arbeit.*

Und schon gellte die Stimme von Frau Schlaumilch durch das Klassenzimmer: „Zuerst Mathematik!"

Die Kinder wussten genau, was sie zu tun hatten.

Alle legten ihre Mathematik-Sachen heraus an den Rand der Bank, gleich würde Frau Schlaumilch über ihre Brille schauen und fragen:

„Na, wer von euch Oberschlampern hat denn gestern wieder einmal keine Lust gehabt, Rechnen zu üben?"

Susi nahmen solche Sätze immer mit, auch sie hatte schon ihre Mathe-Hausaufgaben vergessen, zweimal: Einmal hatte sie ihr Heft daheim liegen lassen. Weil Beppo sein Märchenbuch darauf gelegt hatte, hatte sie es nicht finden können. Einmal war sie an ihrem Geburtstag nicht dazu gekommen, die Hausaufgaben zu machen, obwohl sie nach der Geburtstagsfeier noch zwei Stunden gearbeitet hatte. Aber dann war es 22 Uhr und ihr waren die Augen zugefallen. Sie hatte es Frau Schlaumilch genau erklären wollen, jedes Mal. Aber schon nach dem ersten Satz keifte Frau Schlaumilch nur:

„Ausreden, Fräulein Meier, nichts als Ausreden, und du weißt, was ich nicht mag."

„Ausreden", flüsterte Susi.

„Du weißt, was zu tun ist?"

„Ja!"

Jeder in der Klasse wusste, was zu tun war.

Die Hausaufgabe musste zweimal gemacht werden, plus 50 Malaufgaben.

„Also!", brüllte Frau Schlaumilch, „wer braucht wieder so lange, bis er in seinem Saustall endlich das

Matheheft herausgekramt hat? Aufstehen, wer die Hausaufgaben nicht hat!"

Anke wurde feuerrot und schaute noch einmal ihre Büchertasche durch. Sie hatte doch eben ihr Matheheft noch in der Hand gehabt.

Langsam stand sie auf.

Frau Schlaumilch machte große Augen.

„Was ist denn, Anke?"

Anke fing an zu stottern: „Ich finde mein Matheheft nicht, eben hatte ich es noch in der Hand." „Jetzt fängst du auch noch an!", waren die Worte von Frau Schlaumilch.

Anke setzte sich und schüttelte nur den Kopf.

Sie wusste nicht, dass Oma Cecilie schnell eine Tarnkappe über ihr Heft gestülpt hatte. Es lag noch genau an derselben Stelle, wo es Anke feinsäuberlich aufgeschlagen und für das Abhaken von Frau Schlaumilch bereitgelegt hatte.

Frau Schlaumilch nahm ihren Rotstift und ging von Reihe zu Reihe.

Wer einen kleinen Haken bekam, atmete auf und dachte sich, dass die erste Hürde für heute geschafft sei.

Aber ein solcher Haken war nicht jedem vergönnt. Ab und zu blieb Frau Schlaumilch stehen, meist fing sie zu schreien an:

„Ihr wisst, was ich nicht mag!"

Und dann kamen verschiedene Möglichkeiten wie verwischte Zahlen, unordentliche Zahlen, vergessene Überschriften, ein vergessenes Datum und – schwupp – die Hausaufgabe war durchgestrichen.

Wer einen solchen Strich hatte, musste die Hausaufgabe nur einmal nachmachen, plus 50 Malaufgaben .

Nun war Frau Schlaumilch an Ankes Bank angelangt. Oma Cecilie passte genau den Moment ab, als Frau Schlaumilch einen kleinen Haken unter das Heft von Ankes Nachbarin machte, dann zog sie blitzschnell die Tarnkappe weg.

„Na, was liegt denn da, Anke, ist das nicht dein Heft?"

Anke traute ihren Augen nicht und stotterte nur:

„Wo kommt das denn her?"

Frau Schlaumilch schüttelte nur den Kopf.

„Du hast wohl gestern ein bisschen zu viel ferngesehen."

Auf was Frau Schlaumilch wohl so manches geschoben hätte, wenn das Fernsehen noch nicht erfunden gewesen wäre?, fragte sich Susi oft.

„Klasse Oma", flüsterte Billy, „genau so habe ich mir dieses angetäuschte kleine Fehlerprogramm vorgestellt."

9. KAPITEL

Fall gelöst

„Das war ein Tag, einfach klasse", fing Susi zu erzählen an.

„Was war denn so klasse, Susi?", wollte Mama wissen.

„Also, ich habe keine einzige Hausaufgabe, nicht die Unterschrift meines Vaters, einfach rein gar nichts vergessen. Und bei Anke lief heute so allerhand schief.

Sie hat ihr Matheheft nicht gefunden und ihr Füller war auf einmal weg, als wir unsere Nachschrift schreiben sollten. Da habe ich ihr meinen Ersatzfüller geliehen.

In der Pause hat sich dann Anke bei mir entschuldigt, weil sie mich immer so geärgert hat, und sie hat mir versprochen, es nicht mehr zu machen.

Und Frau Schlaumilch hat gemeint, wenn ich weiter so arbeite, würde noch einmal eine Musterschülerin aus mir."

Ganz recht, nickte Billy, *das will ich aber auch meinen.*

Jetzt, da Oma und ich die Rechtschreibteufel aus deinem Heft und deiner Büchertasche verjagt haben.

Aber Susi, nicht übermütig werden! Mein Anti-Rechtschreibteufelchenspray wirkt nur ungefähr eine Woche, dann müssen die Rechtschreibteufelchen von dir bekämpft werden.

Ja, ich weiß, dachte Susi. Vati hat mir eine Diktatschachtel mitgebracht. Ich glaube, damit schaffe ich es.

Mutti schaute Susi verheißungsvoll an und hielt einen Brief in der Hand.

„Von wem ist dieser Brief?"

„Von Vati."

Als Beppo gehört hatte, dass ein Brief von Vati angekommen war, kam auch er schnell in die Küche gerannt.

„Was schreibt er denn?

Kann er etwa am Samstag nicht?"

„Ich weiß nicht", sagte Mutti, die auch ein wenig ängstlich schaute.

„Schnell, Mutti, mach ihn auf!", drängte Susi und reichte Mutti den Brieföffner.

Mutti las: „Liebe Gerda, liebe Susi, lieber Beppo!

Ich glaube, ich halte es nicht mehr aus, bis Samstag zu warten, um euch drei wiedersehen zu können.

Habt ihr vielleicht Lust, mit mir heute ins Kino und anschließend Eisessen zu gehen? Ich würde mich sehr freuen."

„Und, habt ihr Lust?", fragte Gerda Meier ihre Kinder.

„Na klar!", kam es wie aus einem Mund und da klingelte es auch schon.

Herr Meier stand vor der Tür.

„Und, habt ihr Lust?"

„Na klar!", sagten jetzt drei Münder gleichzeitig.

„Wollen wir vorher noch einen Tee zusammen trinken?", fragte Frau Meier.

„Das Kino beginnt erst in einer Stunde."

„Eine gute Idee, die Karten habe ich schon", sagte Herr Meier, „dann brauchen wir nachher nicht mehr anzustehen."

Susi fing an, den Tisch mit ihrem Lieblingsgeschirr zu decken. Eine Tasse, die sie zu viel aus dem Schrank geholt hatte, stellte sie auf das Bord am Küchenschrank.

„Du, Susi", meinte da Billy. „Ich habe gerade auf mein Falllösungsthermometer geschaut. 100 Grad Schnurrbartdreher, mein erster Fall ist hiermit also gelöst."

Tausend Dank!, dachte Susi, *ohne dich hätte ich das nie geschafft.*

Billy wurde ein bisschen rot.

„Richte deiner Oma viele liebe Grüße von mir aus. Und wenn ich dir einmal helfen kann, Billy, du weißt, wo ich wohne."

„Du, Susi, ich würde so gerne noch ein heißes Bad nehmen.

Meinst du, das wäre möglich? Denn ich liebe heiße Bäder. Aber die letzten Tage waren so stressig, dass ich nicht dazu gekommen bin. Normalerweise bade ich jeden zweiten Tag, und zwar mit viel Schaum."

Susi schaute sich um.

„Na klar kannst du baden, vielleicht in der Tasse?"

Susi goss etwas heißes Wasser in die Tasse und gab einen kleinen Spritzer flüssige Seife dazu.

An einem normalen Tag hätten Mutti oder Beppo sicher gleich gefragt, was sie da machte. Aber heute hatten alle nur Augen und Ohren für Vati. Und das war auch gut so.

Billy stieg in das duftende Badewasser, genoss den Erfolg seines ersten Einsatzes und dachte, wie herrlich es doch ist, ein Klemuz zu sein.

Mehr in Vorbereitung

Weitere Abenteuer von

Billy Magic

sind in Vorbereitung!